AF188962

школа - sekolah · 2
подорож - berjalan · 5
транспорт - pengangkutan · 8
місто - bandar · 10
ландшафт - landskap · 14
ресторан - restoran · 17
супермаркет - pasar raya · 20
напої - minuman · 22
їжа - makanan · 23
ферма - ladang · 27
дім - rumah · 31
вітальня - ruang tamu · 33
кухня - dapur · 35
ванна кімната - bilik air · 38
дитяча кімната - bilik kanak-kanak · 42
одяг - pakaian · 44
офіс - pejabat · 49
економіка - ekonomi · 51
професії - pekerjaan · 53
інструменти - alat · 56
музичні інструменти - alat muzik · 57
зоопарк - zoo · 59
спорт - sukan · 62
дії - aktiviti · 63
сім'я - keluarga · 67
тіло - badan · 68
лікарня - hospital · 72
аварійний випадок - kecemasan · 76
Земля - bumi · 77
годинник - jam · 79
тиждень - minggu · 80
рік - tahun · 81
форми - bentuk · 83
фарби - warna · 84
протилежності - berlawanan · 85
числа - nombor · 88
мови - bahasa-bahasa · 90
хто / що / як - siapa / apa / bagaimana · 91
де - di mana · 92

Impressum
Verlag: BABADADA GmbH, Nedderfeld 112 , 22529 Hamburg
Geschäftsführer / Verlagsleitung: Harald Hof
Druck: Books on Demand GmbH, In de Tarpen 42, 22848 Norderstedt

Imprint
Publisher: BABADADA GmbH, Nedderfeld 112 , 22529 Hamburg, Germany
Managing Director / Publishing direction: Harald Hof
Print: Books on Demand GmbH, In de Tarpen 42, 22848 Norderstedt, Germany

школа
sekolah

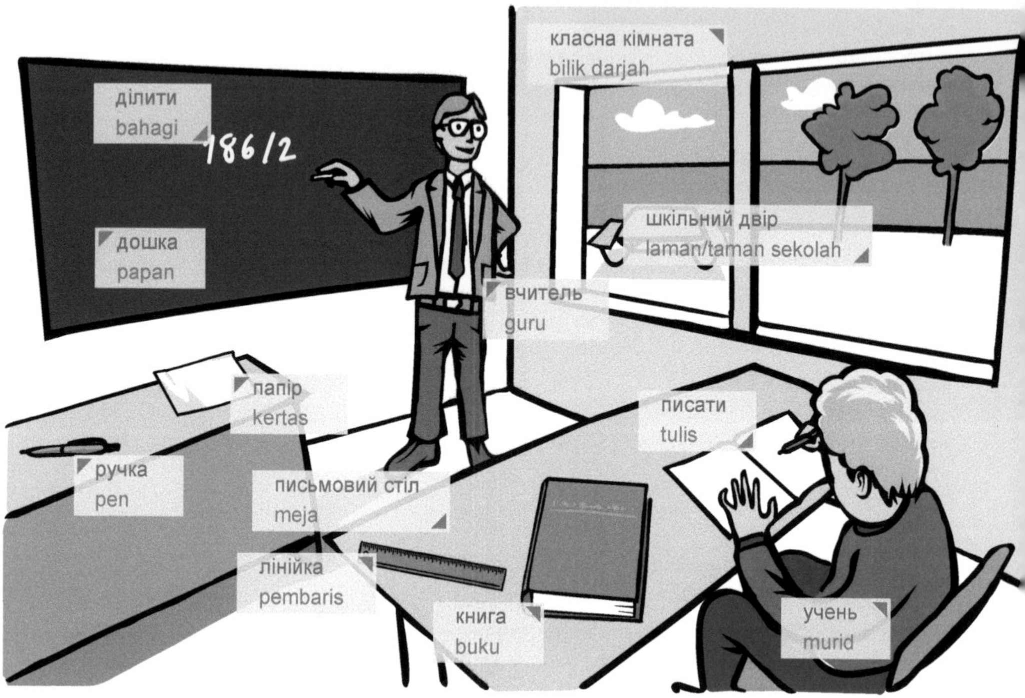
класна кімната
bilik darjah
ділити
bahagi
186/2
дошка
papan
шкільний двір
laman/taman sekolah
вчитель
guru
папір
kertas
писати
tulis
ручка
pen
письмовий стіл
meja
лінійка
pembaris
книга
buku
учень
murid

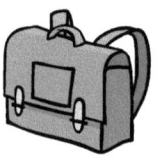

ранець
beg galas

пенал
kotak pensel

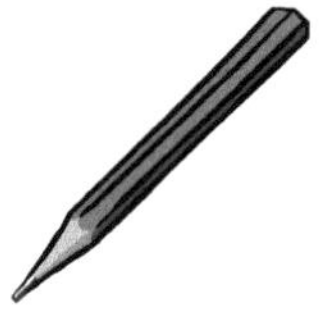

олівець
pensel

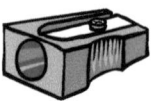

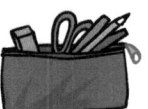

точило
pengasah pensel

гумка
pemadam

альбом для малювання
kertas lukisan

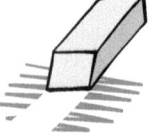

малюнок

melukis

пензель

berus lukis

коробка фарб

kotak warna

ножиці

gunting

клей

gam

зошит

buku latihan

домашнє завдання

kerja rumah

12

число

nombor

2+2

додавати

tambah

5-2

віднімати

tolak

2×2

множити

darab

рахувати

kira

A

літера

huruf

ABCDEFG
HIJKLMN
OPQRSTU
VWXYZ

абетка

abjad

hello

слово

kata

текст

teks

читати

baca

крейда

kapur

година

pelajaran

класний журнал

daftar

екзамен

peperiksaan

диплом

sijil

шкільна форма

uniform sekolah

освіта

pendidikan

лексикон

ensiklopedia

університет

universiti

мікроскоп

mikroskop

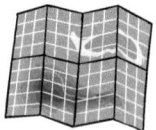

карта

peta

кошик для паперу

bakul sampah

подорож
berjalan

Grand
ROOMS
готель
hotel
турбаза
asrama
обмінний пункт
pejabat tukaran mata wang
валіза
beg pakaian
автомобіль
kereta

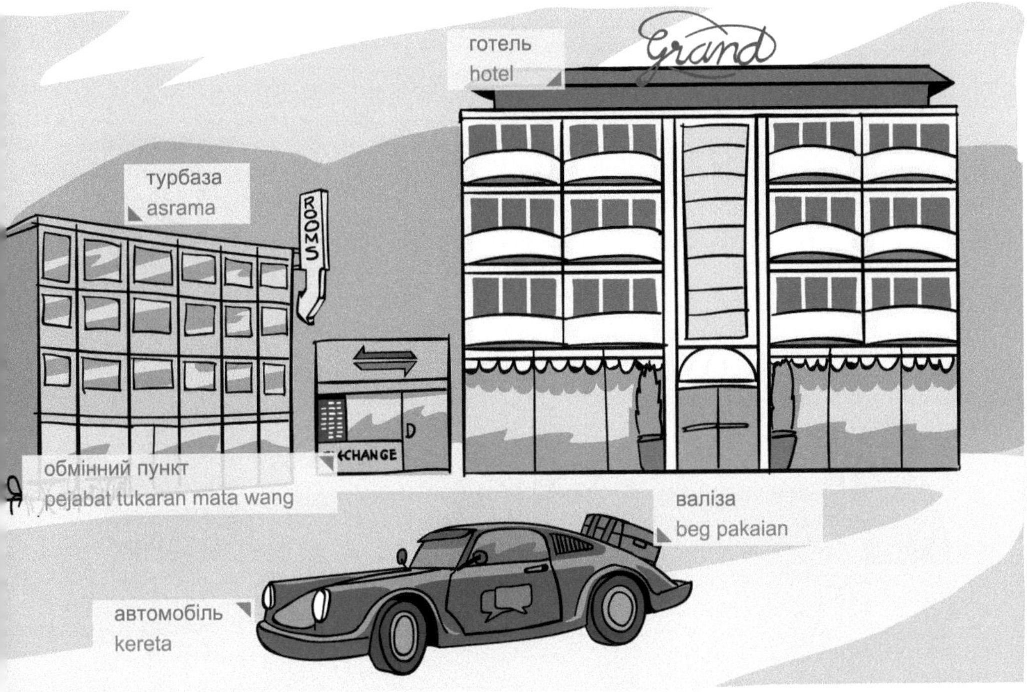

мова

bahasa

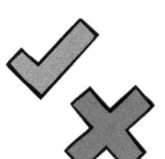

так / ні

ya / tidak

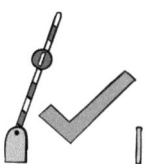

добре

okey

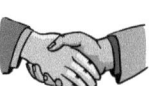

привіт

helo

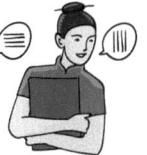

перекладач

penterjemah

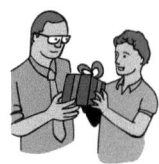

дякую

Terima kasih

Скільки коштує ...?

berapa banyak...?

Я не розумію

saya tidak faham

проблема

masalah

Добрий вечір!

Selamat petang!

Доброго ранку!

Selamat Pagi!

На добраніч!

Selamat Malam!

До побачення

selamat tinggal

напрямок

arah

багаж

bagasi

сумка

beg

рюкзак

beg galas

гість

tetamu

кімната

bilik tidur

спальний мішок

beg tidur

намет

khemah

подорож - berjalan

туристична інформація

maklumat pelancong

пляж

pantai

кредитна картка

kad kredit

сніданок

sarapan

обід

makan tengah hari

вечеря

makan malam

квиток

tiket

ліфт

lif

поштова марка

setem

межа

sempadan

митниця

kastam

посольство

kedutaan

віза

visa

паспорт

pasport

транспорт
pengangkutan

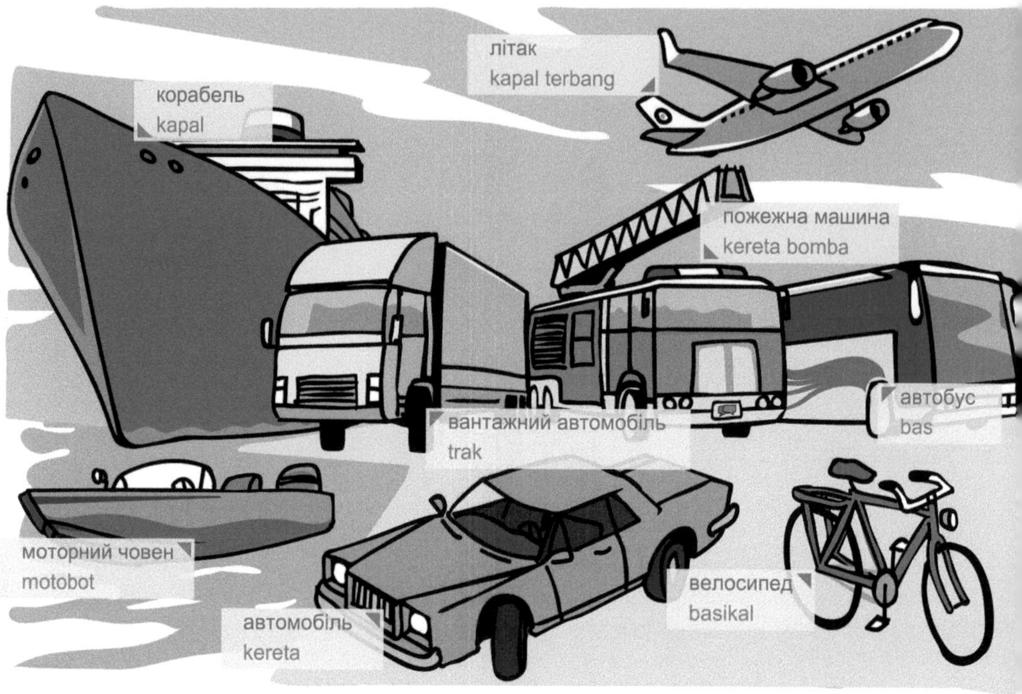

літак
kapal terbang

корабель
kapal

пожежна машина
kereta bomba

автобус
bas

вантажний автомобіль
trak

моторний човен
motobot

велосипед
basikal

автомобіль
kereta

пором
feri

човен
bot

мотоцикл
motosikal

поліцейська машина
kereta polis

гоночний автомобіль
kereta lumba

автомобіль на прокат
kereta sewa

спільне користування авто

berkongsi kereta

евакуатор

trak tunda

сміттєвоз

trak menolak

двигун

motor

паливо

bahan api

автозаправна станція

stesen minyak

дорожній знак

tanda trafik

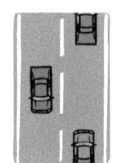

рух

trafik

затор

kesesakan lalu lintas

стоянка

tempat parkir

вокзал

stesen kereta api

рейки

trek

потяг

kereta api

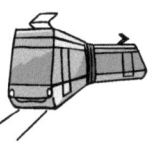

трамвай

trem

вагон

gerabak

гелікоптер

helikopter

аеропорт

lapangan terbang

вежа

Menara

пасажир

penumpang

контейнер

bekas

коробка

kadbod

візок

kart

кошик

bakul

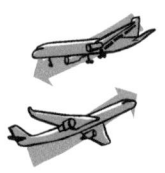

стартувати / приземлятися

berlepas / mendarat

місто

bandar

село

kampung

центр міста

pusat bandar

дім

rumah

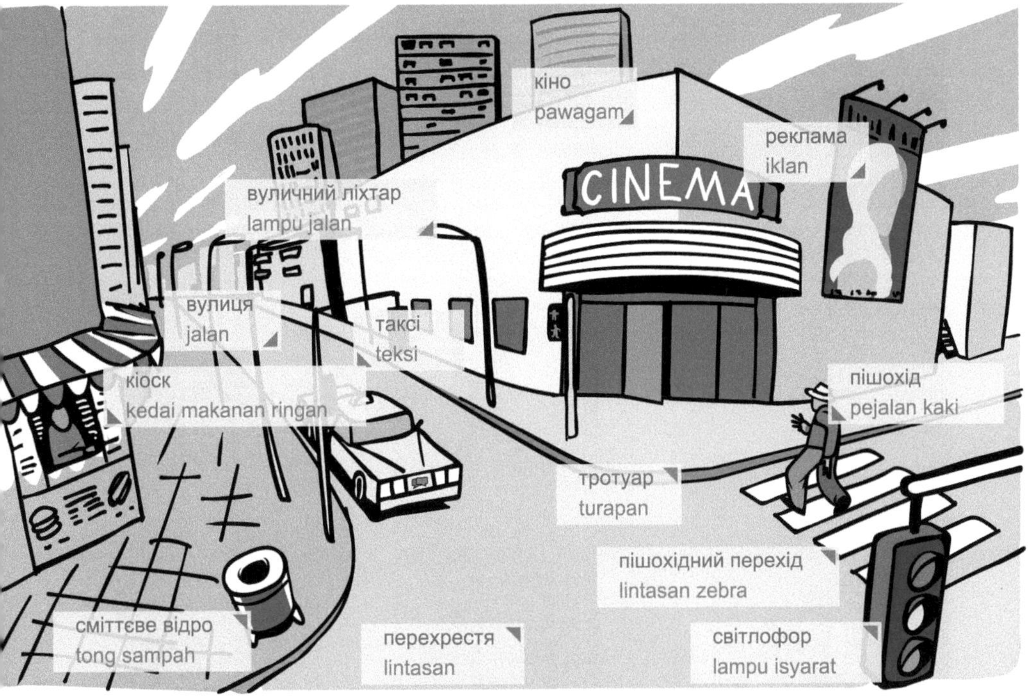

кіно
pawagam
CINEMA
реклама
iklan
вуличний ліхтар
lampu jalan
вулиця
jalan
таксі
teksi
кіоск
kedai makanan ringan
пішохід
pejalan kaki
тротуар
turapan
пішохідний перехід
lintasan zebra
сміттєве відро
tong sampah
перехрестя
lintasan
світлофор
lampu isyarat

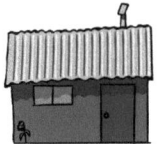

хатина

pondok

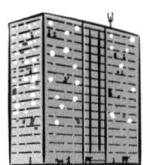

квартира

flat

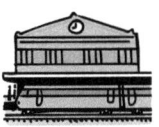

вокзал

stesen kereta api

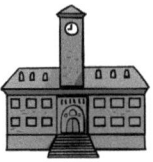

ратуша

dewan bandar

MUSEUM

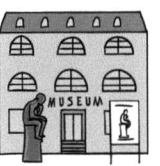

музей

muzium

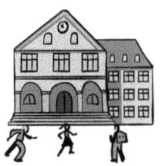

школа

sekolah

університет

universiti

банк

bank

лікарня

hospital

готель

hotel

аптека

farmasi

офіс

pejabat

книжковий магазин

kedai buku

магазин

kedai

квітковий магазин

kedai bunga

супермаркет

pasar raya

ринок

pasaran

універмаг

gedung

торговець рибою

penjual ikan

торговельний центр

pusat membeli-belah

гавань

pelabuhan

парк

taman

лава

bangku

міст

jambatan

сходи

tangga

метро

bawah tanah

тунель

terowong

автобусна зупинка

hentian bas

бар

bar

ресторан

restoran

поштова скринька

peti surat

вулична табличка

papan tanda jalan

лічильник паркування

meter parkir

зоопарк

zoo

басейн

kolam renang

мечеть

masjid

ферма

ladang

забруднення навколишнього середовища

pencemaran

кладовище

tanah perkuburan

церква

gereja

дитячий майданчик

taman permainan

храм

kuil

ландшафт

landskap

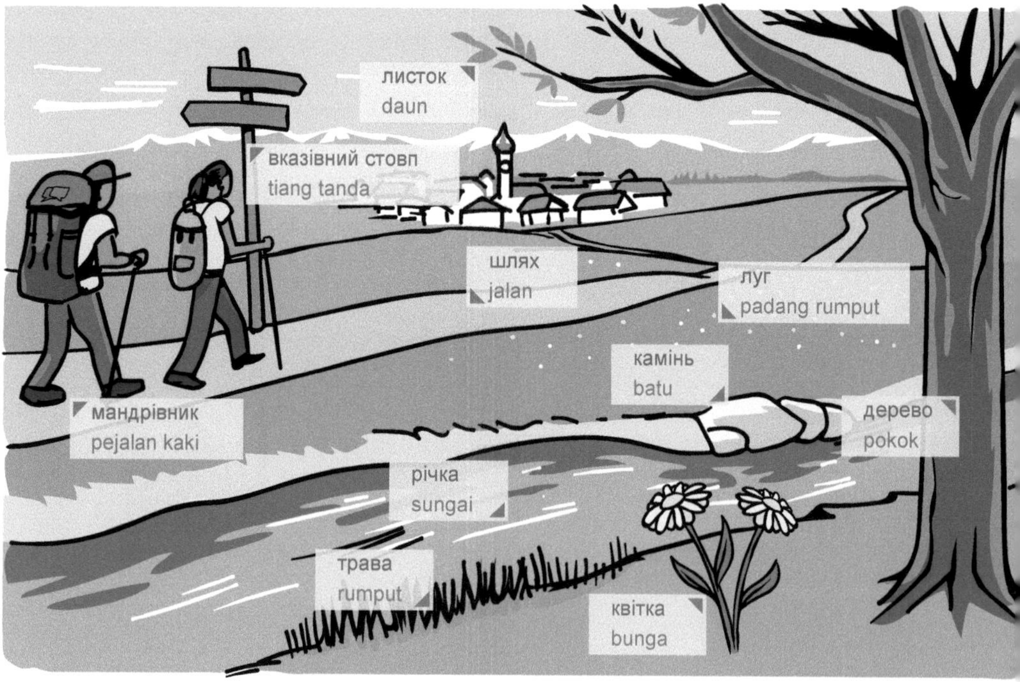

листок
daun

вказівний стовп
tiang tanda

шлях
jalan

луг
padang rumput

камінь
batu

дерево
pokok

мандрівник
pejalan kaki

річка
sungai

трава
rumput

квітка
bunga

долина

lembah

гора

bukit

озеро

tasik

ліс

hutan

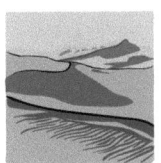

пустеля

padang pasir

вулкан

gunung berapi

замок

istana

веселка

pelangi

гриб

cendawan

пальма

pokok kelapa sawit

комар

nyamuk

муха

terbang

мурашка

semut

бджола

lebah

павук

labah-labah

жук

kumbang

жаба

katak

вивірка

tupai

їжак

landak

заєць

arnab

сова

burung hantu

птах

burung

лебідь

angsa

кабан

babi jantan

олень

rusa

лось

moose

гребля

empangan

вітряк

turbin angin

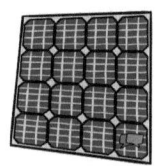

сонячний модуль

panel solar

клімат

iklim

ресторан

restoran

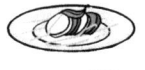

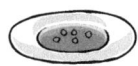

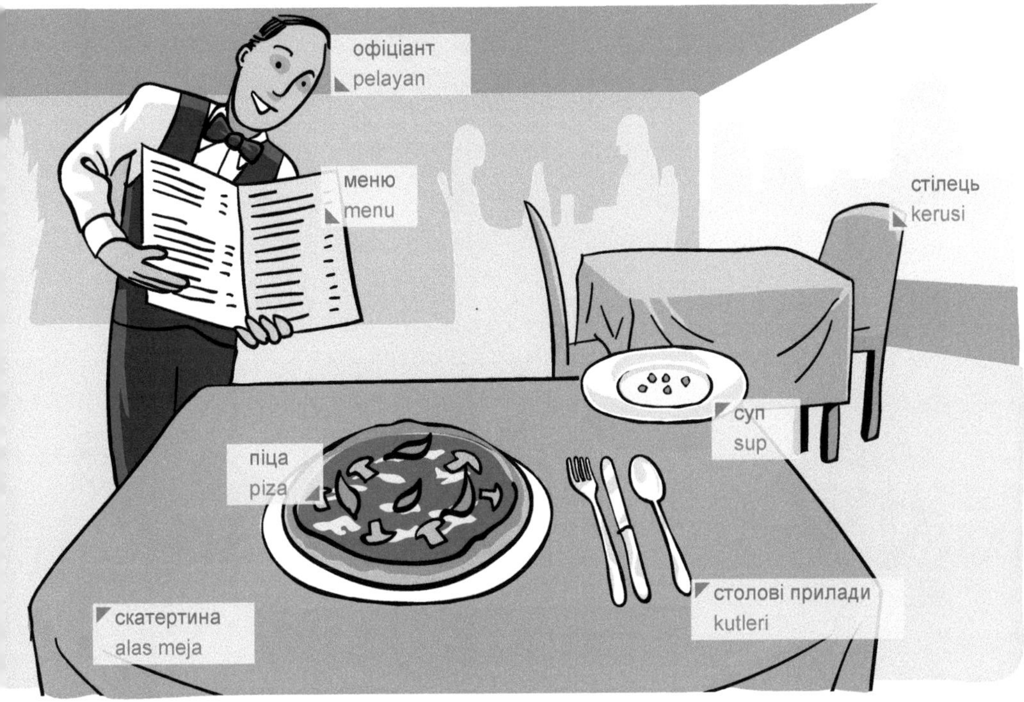
офіціант
pelayan
меню
menu
стілець
kerusi
суп
sup
піца
piza
столові прилади
kutleri
скатертина
alas meja

закуска

pemula

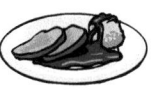

друга страва

hidangan utama

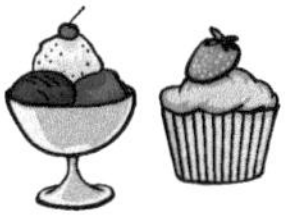

десерт

pencuci mulut

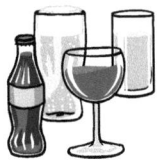

напої

minuman

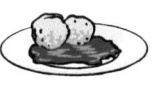

їжа

makanan

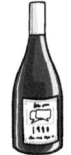

пляшка

botol

фаст-фуд

makanan segera

вулична їжа

makanan jalanan

чайник

teko

цукорниця

mangkuk gula

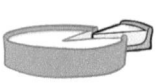

порція

bahagian

еспресо-машина

mesin espreso

високий стільчик

kerusi tinggi

рахунок

bil

піднос

dulang

ніж

pisau

вилка

garfu

ложка

sudu

чайна ложка

sudu teh

серветка

serviette

склянка

gelas

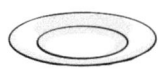

тарілка
pinggan

тарілка для супу
mangkuk sup

блюдце
piring

соус
sos

солонка
tempat garam

млин для перцю
pengisar lada

оцет
cuka

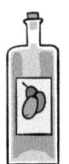

масло
minyak

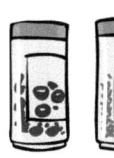

спеції
rempah

кетчуп
sos

гірчиця
mustard

майонез
mayones

супермаркет

pasar raya

пропозиція
tawaran istimewa
FOR
клієнт
pelanggan
молочні продукти
tenusu
фрукти
buah-buahan
візок для покупок
troli

BUTCHERS

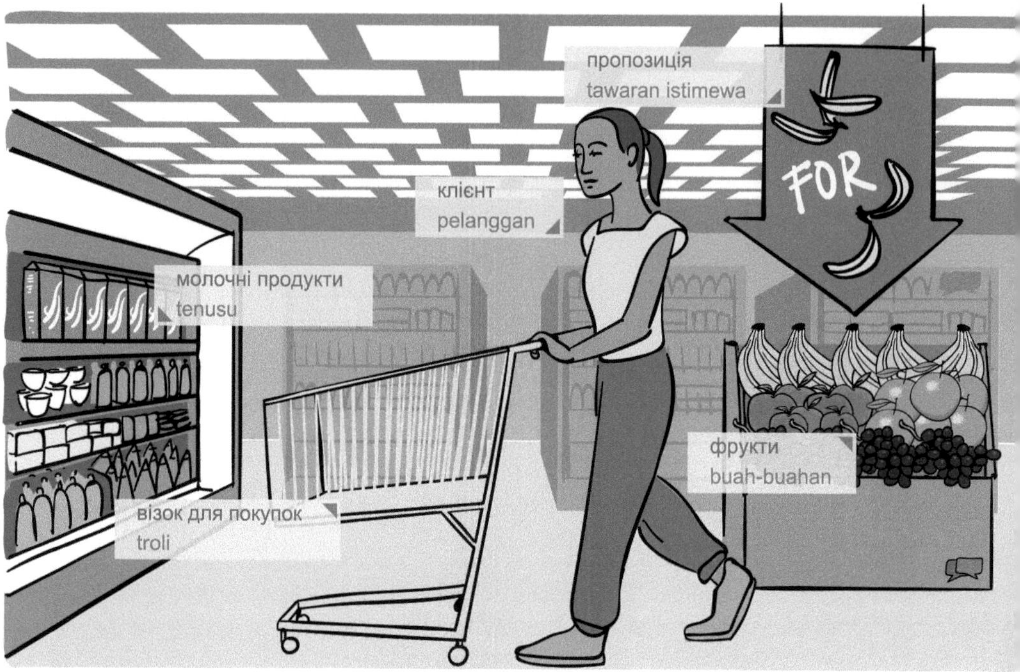

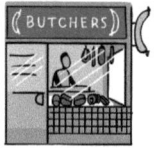

м'ясний магазин

tukang daging

BAKERY

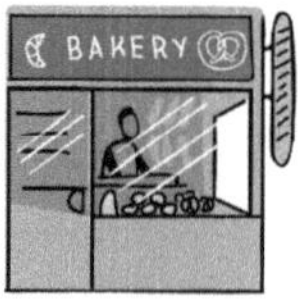

пекарня

kedai roti

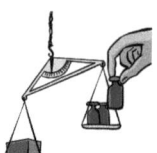

зважувати

berat

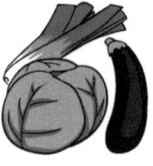

овочі

sayur-sayuran

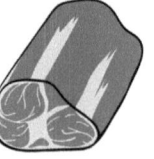

м'ясо

daging

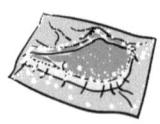

заморожені продукти

makanan sejuk beku

ковбасна нарізка

daging sejuk

консерви

makanan dalam tin

пральний порошок

serbuk pencuci

солодощі

gula-gula

предмети домашнього побуту

produk isi rumah

мийний засіб

produk pembersihan

продавщиця

orang jualan

каса

daftar tunai

касир

juruwang

список покупок

senarai membeli-belah

часи роботи

waktu pembukaan

гаманець

beg duit

кредитна картка

kad kredit

сумка

beg

поліетиленовий пакет

beg plastik

вода

air

сік

jus

молоко

susu

кола

kola

вино

wain

пиво

bir

алкоголь

alkohol

какао

koko

чай

the

кава

kopi

еспресо

espreso

капучіно

kapucino

банан

pisang

яблуко

epal

апельсин

oren

кавун

tembikai

лимон

lemon

морква

lobak merah

часник

bawang putih

бамбук

buluh

цибуля

bawang

гриб

cendawan

горішки

kacang

локшина

mi

спагеті

spageti

рис

nasi

салат

salad

картопля фрі

kerepek

смажена картопля

kentang goreng

піца

piza

гамбургер

hamburger

бутерброд

sandwic

шніцель

kutlet

шинка

ham

салямі

salami

ковбаса

sosej

курка

ayam

печеня

panggang

риба

ikan

вівсяні пластівці

bubur oat

мюслі

muesli

кукурудзяні пластівці

emping jagung

борошно

tepung

круасан

kroisan

булочка

roti roll

хліб

roti

тостовий хліб

roti bakar

печиво

biskut

масло

mentega

сир

dadih

пиріг

kek

яйце

telur

яєчня

telur goreng

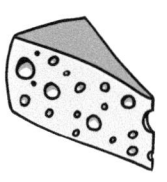

сир

keju

їжа - makanan

морозиво

ais krim

цукор

gula

мед

madu

мармелад

jem

нуга-крем

krim nougat

карі

kari

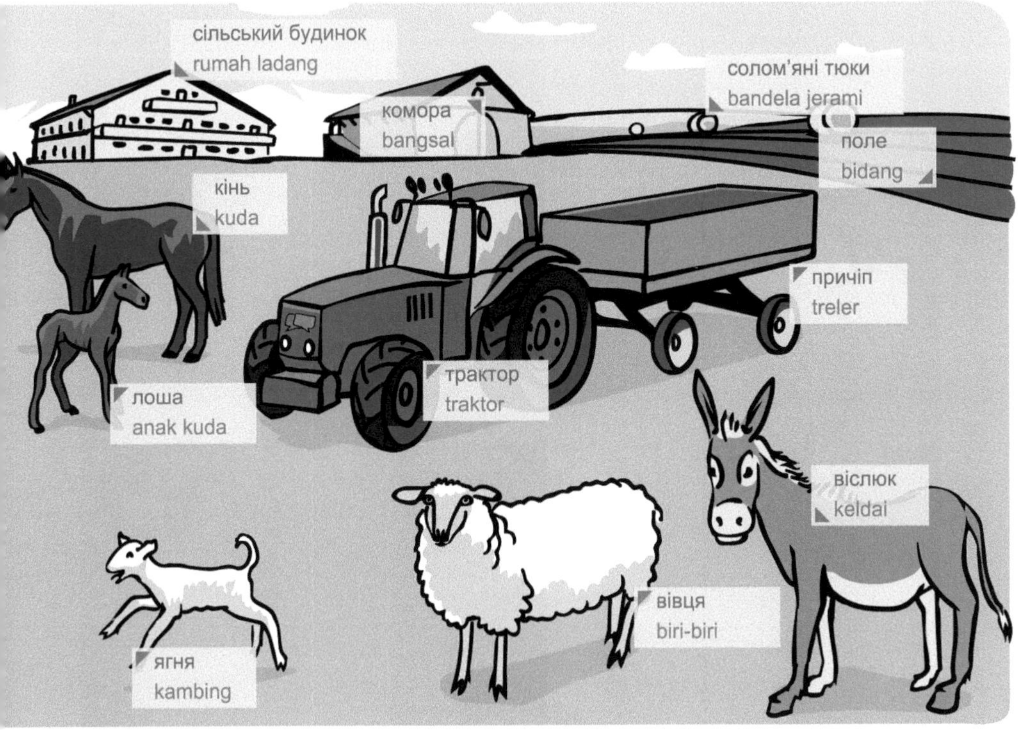

сільський будинок
rumah ladang

комора
bangsal

солом'яні тюки
bandela jerami

поле
bidang

кінь
kuda

причіп
treler

лоша
anak kuda

трактор
traktor

віслюк
keldai

ягня
kambing

вівця
biri-biri

коза
kambing

корова
lembu

теля
anak lembu

свиня
babi

порося
anak babi

бик
lembu

гусак

angsa

качка

itik

курча

anak ayam

курка

ayam betina

півень

ayam jantan muda

щур

tikus

кіт

kucing

миша

tikus

віл

lembu jantan

собака

anjing

собача будка

rumah anjing

садовий шланг

hos taman

лійка

bekas siraman

коса

sabit

плуг

bajak

ферма - ladang

серп

sabit

мотика

cangkul

вила

serampang peladang

сокира

kapak

тачка

kereta sorong

корито

palung

бідон молока

tin susu

мішок

karung

паркан

pagar

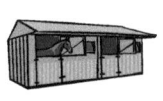

хлів

stabil

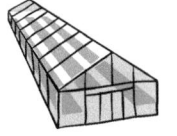

теплиця

rumah hijau

ґрунт

tanah

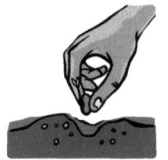

насіння

benih

добриво

baja

комбайн

jentuai

пожинати

tuai

урожай

menuai

корінь ямсу

keladi

пшениця

gandum

соя

soya

картопля

kentang

кукурудза

jagung

ріпак

biji sawi

плодове дерево

pokok buah-buahan

маніок

ubi kayu

злаки

bijirin

ферма - ladang

дім

rumah

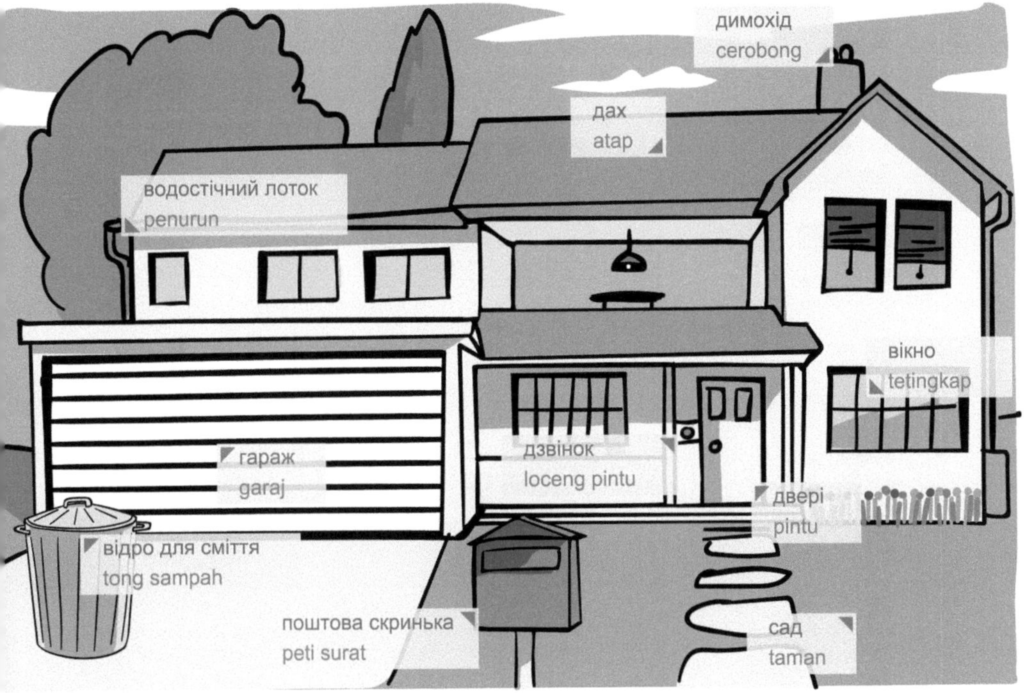

димохід
cerobong
дах
atap
водостічний лоток
penurun
вікно
tetingkap
дзвінок
loceng pintu
гараж
garaj
двері
pintu
відро для сміття
tong sampah
поштова скринька
peti surat
сад
taman

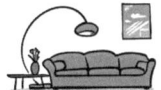

вітальня

ruang tamu

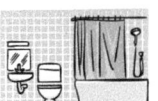

ванна кімната

bilik air

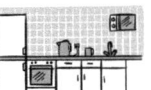

кухня

dapur

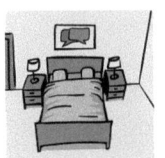

спальня

bilik tidur

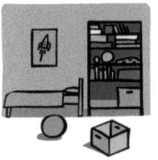

дитяча кімната

bilik kanak-kanak

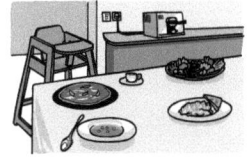

їдальня

ruang makan

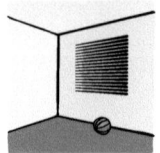

підлога

lantai

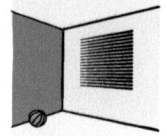

стіна

dinding

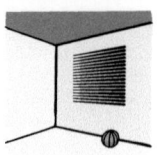

стеля

siling

підвал

bilik bawah tanah

сауна

sauna

балкон

balkoni

тераса

teres

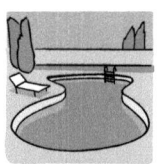

басейн

kolam renang

косарка

pemotong rumput

простирало

lembaran

ковдра

penutup tilam

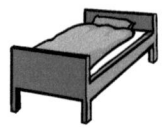

ліжко

katil

мітла

penyapu

відро

timba

перемикач

suis

дім - rumah

вітальня
ruang tamu

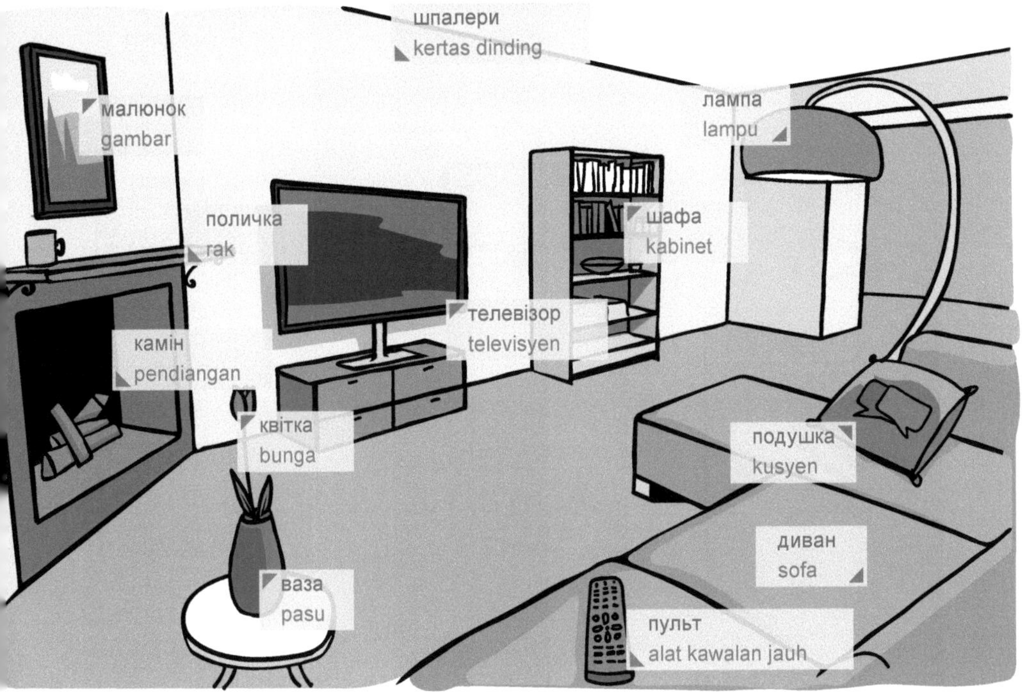
шпалери
kertas dinding
малюнок
gambar
лампа
lampu
поличка
rak
шафа
kabinet
телевізор
televisyen
камін
pendiangan
квітка
bunga
подушка
kusyen
диван
sofa
ваза
pasu
пульт
alat kawalan jauh

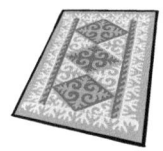

килим

permaidani

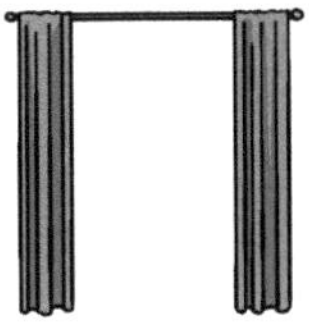

завіса

tirai

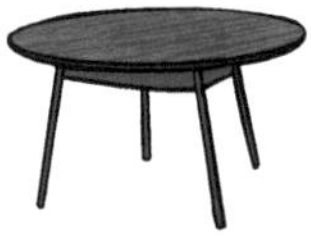

стіл

meja

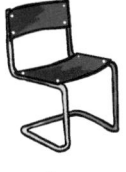

стілець

kerusi

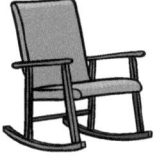

крісло-гойдалка

kerusi malas

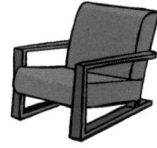

крісло

kerusi

книга

buku

ковдра

selimut

прикраса

hiasan

дрова

kayu api

фільм

filem

стереосистема

hi-fi

ключ

kunci

газета

akhbar

картина

lukisan

плакат

poster

радіо

radio

блокнот

buku catatan

пилосос

penyedut habuk

кактус

kaktus

свічка

lilin

кухня
dapur

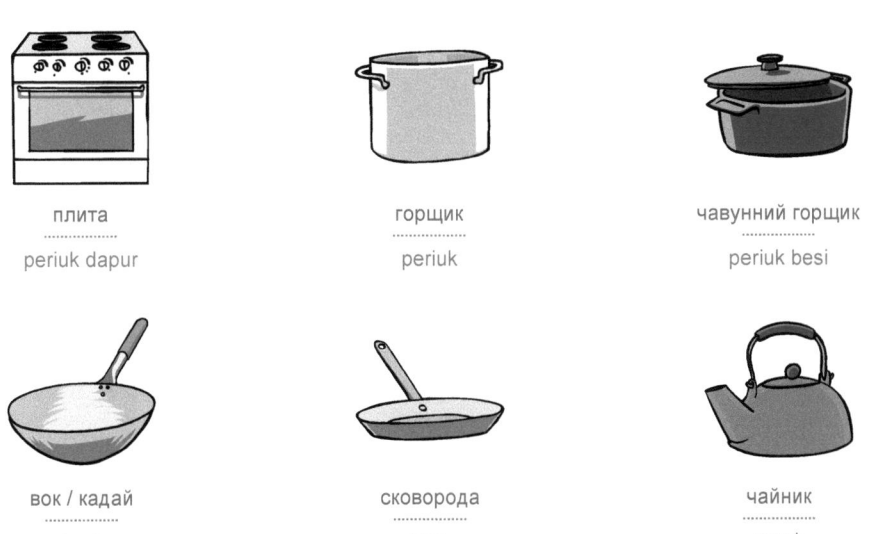

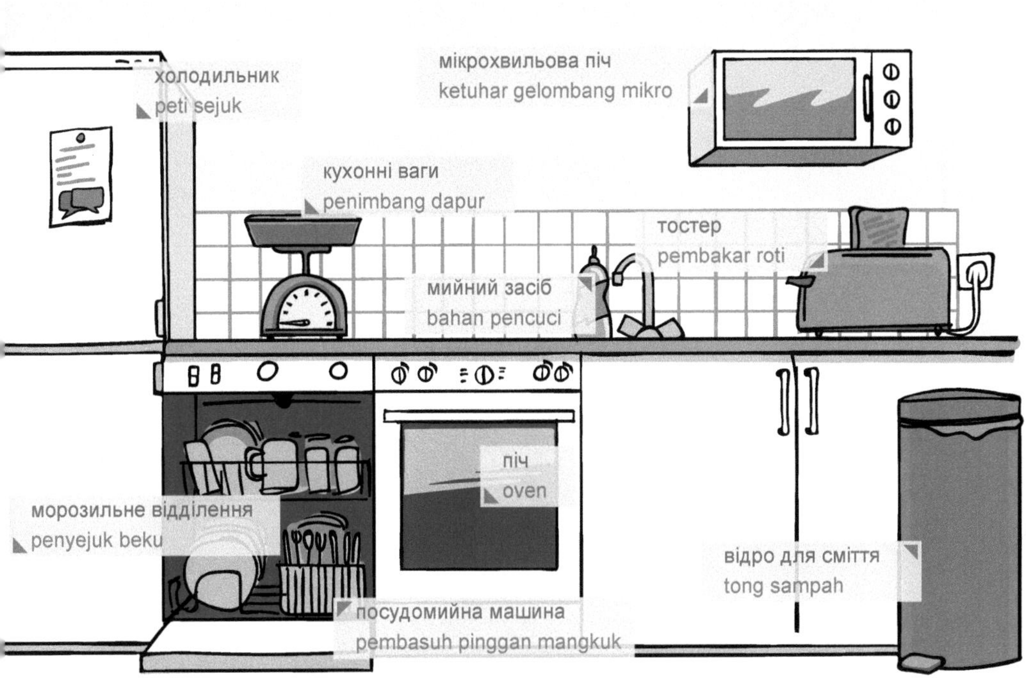
холодильник
peti sejuk
мікрохвильова піч
ketuhar gelombang mikro
кухонні ваги
penimbang dapur
тостер
pembakar roti
мийний засіб
bahan pencuci
піч
oven
морозильне відділення
penyejuk beku
відро для сміття
tong sampah
посудомийна машина
pembasuh pinggan mangkuk

плита
periuk dapur

горщик
periuk

чавунний горщик
periuk besi

вок / кадай
kuali

сковорода
pan

чайник
cerek

пароварка

pengukus

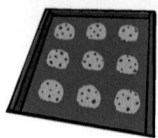

лист

dulang pembakar

посуд

pinggan mangkuk

кухоль

koleh

чаша

mangkuk

палички для їжі

penyepit

черпак

senduk

лопатка

spatula

вінчик для збивання

pengadun

сито

penapis

сито

ayak

терка

pemarut

ступка

mortar

барбекю

barbeku

багаття

pembakaran terbuka

кухня - dapur

дошка

papan pencincang

качалка

pin golekan

штопор

skru gabus

конзерва

tin

відкривачка

pembuka tin

прихватки

pemegang periuk

раковина

sinki

щітка

berus

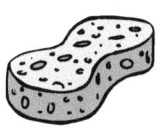

губка

span

міксер

pengisar

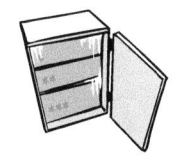

морозильна камера

penyejuk beku

дитяча пляшка

botol bayi

кран

paip

ванна кімната

bilik air

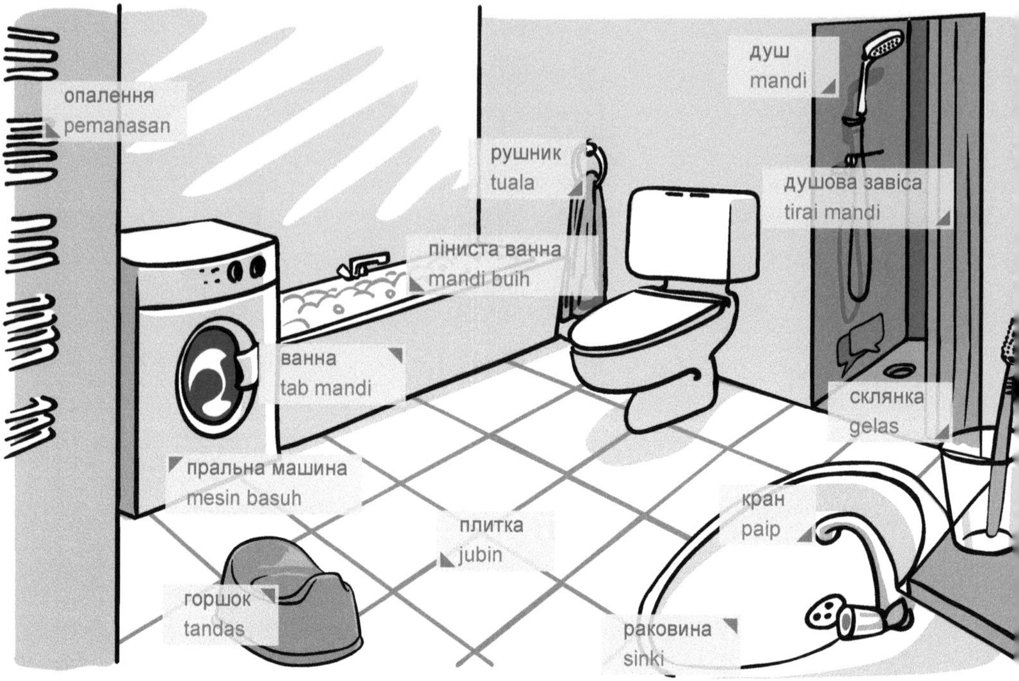

опалення
pemanasan
рушник
tuala
душ
mandi
душова завіса
tirai mandi
пініста ванна
mandi buih
ванна
tab mandi
склянка
gelas
пральна машина
mesin basuh
кран
paip
плитка
jubin
горшок
tandas
раковина
sinki

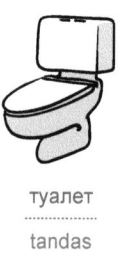

туалет

tandas

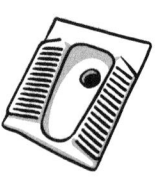

підлоговий туалет

tandas mencangkung

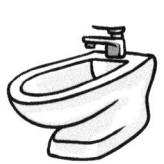

біде

mangkuk tandas

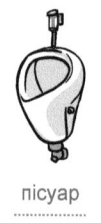

пісуар

tandas awam

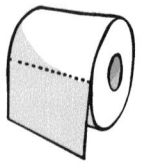

туалетний папір

kertas tandas

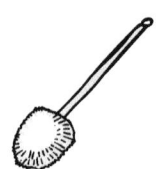

щітка для туалету

berus tandas

зубна щітка

berus gigi

зубна паста

ubat gigi

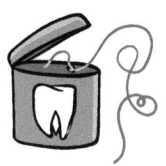

нитка для чищення зубів

flos gigi

мити

cuci

ручний душ

mandian tangan

інтимний душ

pancuran

таз

besen

щітка для спини

belakang berus

мило

sabun

гель для душу

gel mandian

шампунь

syampu

мочалка

flanel

водостік

longkang

крем

krim

дезодорант

deodoran

дзеркало

cermin

косметичне дзеркало

cermin tangan

бритва

pisau cukur

піна для гоління

busa cukur

лосьйон після гоління

selepas cukur

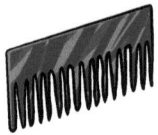

гребінь

sikat

щітка

berus

фен

pengering rambut

лак для волосся

semburan rambut

косметика

mekap

губна помада

gincu

лак для нігтів

varnis kuku

вата

bulu kapas

ножиці для нігтів

gunting kuku

парфум

pewangi

косметичка

beg basuhan

табурет

bangku

ваги

skala berat

халат

jubah mandi

гумові рукавички

sarung tangan getah

тампон

kapas

гігієнічні прокладки

tuala wanita

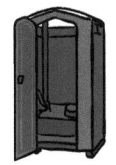

біотуалет

tandas kimia

дитяча кімната
bilik kanak-kanak

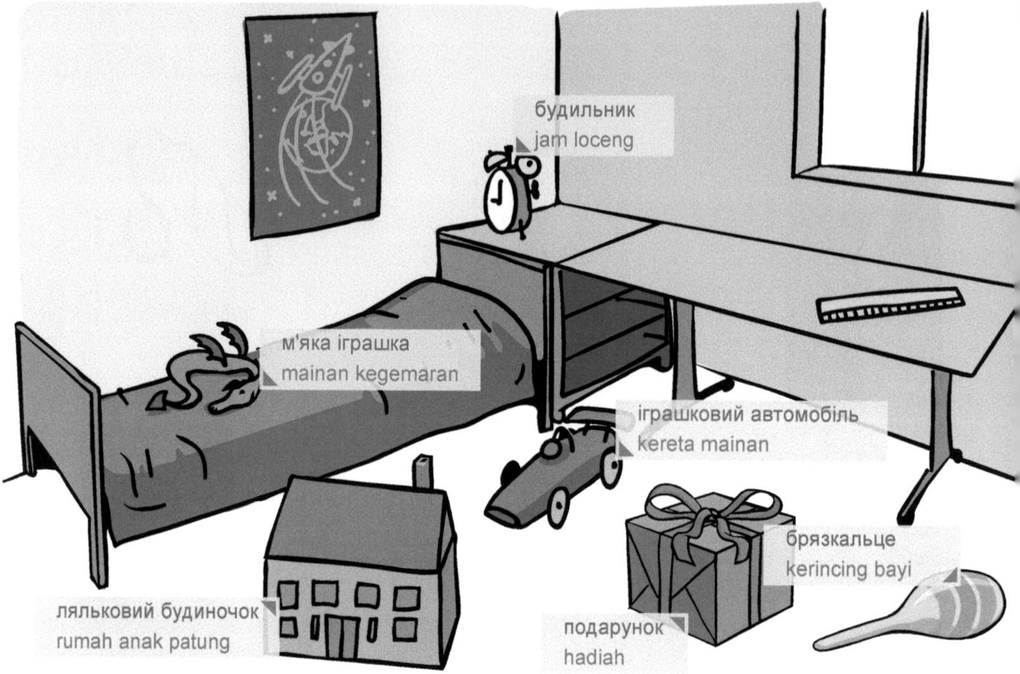
будильник
jam loceng
м'яка іграшка
mainan kegemaran
іграшковий автомобіль
kereta mainan
брязкальце
kerincing bayi
ляльковий будиночок
rumah anak patung
подарунок
hadiah

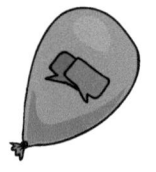

повітряна кулька

belon

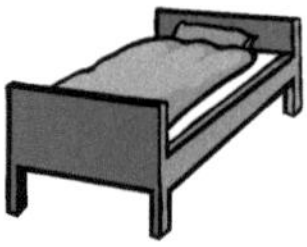

ліжко

katil

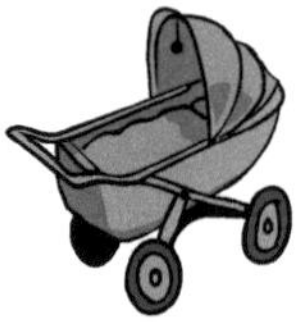

дитячий візок

kereta sorong bayi

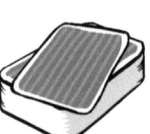

картярська гра

set kad

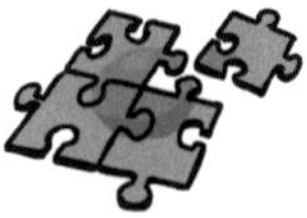

пазл

susun suai gambar

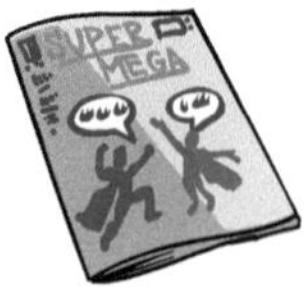
SUPER
MEGA

комікс

komik

лего цеглинки

batu bata lego

блоки

blok mainan

іграшкова фігурка

figura aksi

повзунки

baju bayi

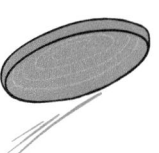

фризбі

frisbee

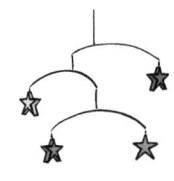

мобіле

mainan bayi mudah alih

настільна гра

permainan papan

кубик

dadu

модель залізнична станція

set model kereta api

соска

palsu

вечірка

parti

книжка з картинками

buku bergambar

м'яч

bola

лялька

anak patung

грати

main

пісочниця

lubang pasir

гойдалка

buai

іграшка

mainan

гральна консоль

konsol permainan video

триколісний велосипед

basikal roda tiga

плюшевий мішка

anak patung beruang

шафа

almari pakaian

одяг

pakaian

шкарпетки

stoking

панчохи

stoking

колготки

ketat

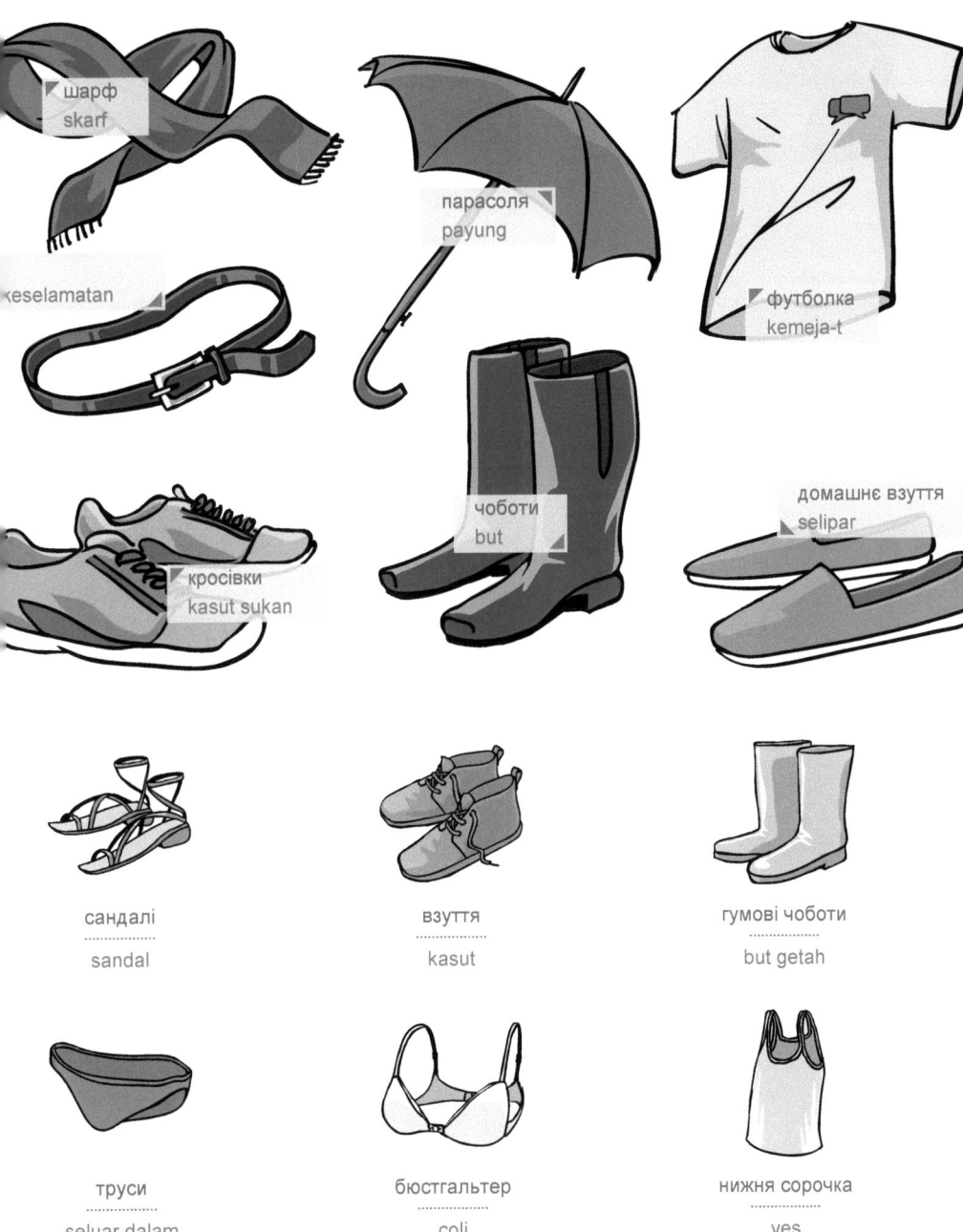

шарф
skarf

парасоля
payung

футболка
kemeja-t

keselamatan

кросівки
kasut sukan

чоботи
but

домашнє взуття
selipar

сандалі
sandal

взуття
kasut

гумові чоботи
but getah

труси
seluar dalam

бюстгальтер
coli

нижня сорочка
ves

одяг - pakaian

45

боді

badan

штани

Seluar panjang

джинси

jean

спідниця

skirt

блузка

blaus

сорочка

kemeja

пуловер

baju panas sarung

светр

sweater

піджак

blazer

куртка

jaket

пальто

kot

дощовик

baju hujan

костюм

kostum

сукня

pakaian

весільна сукня

baju pengantin

костюм
sut

нічна сорочка
baju tidur

піжама
baju tidur

сарі
sari

головна хустка
skarf kepala

чалма
serban

бурка
burqa

кафтан
kaftan

абая
abaya/jubah

купальник
baju renang

плавки
seluar renang

шорти
seluar pendek

тренувальний костюм
sut balapan

фартух
apron

рукавички
sarung tangan

гудзик

butang

окуляри

cermin mata

браслет

gelang tangan

ланцюг

rantai leher

кільце

cincin

сережка

subang

шапка

topi

плічка

penyangkut kot

капелюх

topi

краватка

tali leher

застібка-блискавка

zip

шолом

topi keledar

підтяжки

pendakap

шкільна форма

uniform sekolah

уніформа

seragam

нагрудник

lapik dada

соска

palsu

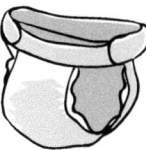

підгузок

lampin

офіс
pejabat

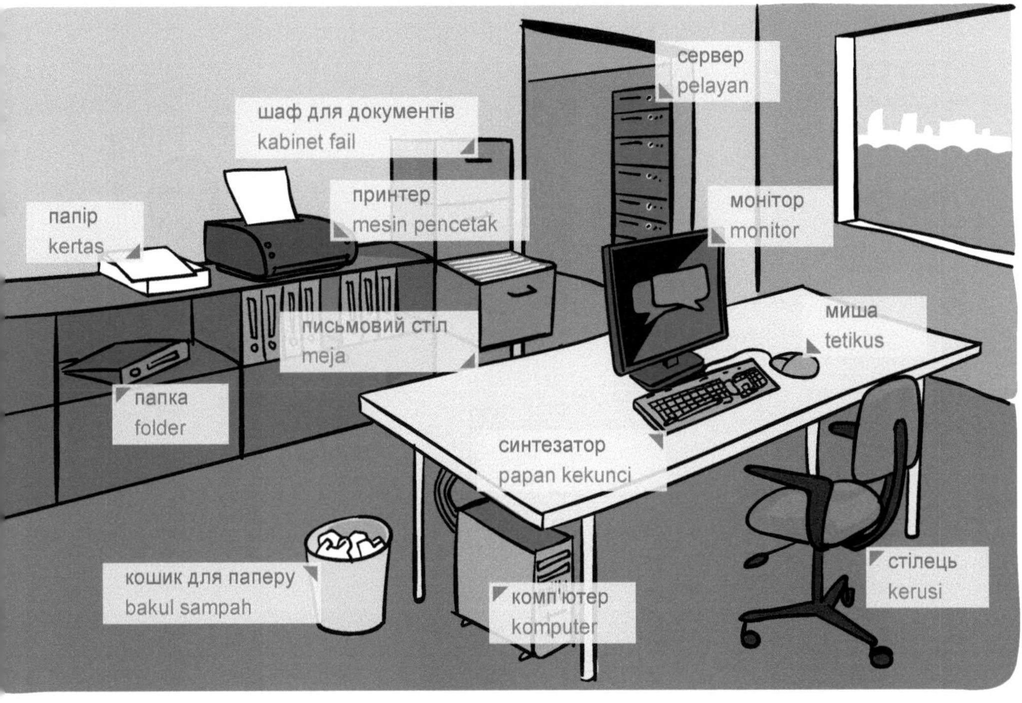

сервер
pelayan

шаф для документів
kabinet fail

принтер
mesin pencetak

монітор
monitor

папір
kertas

письмовий стіл
meja

миша
tetikus

папка
folder

синтезатор
papan kekunci

кошик для паперу
bakul sampah

комп'ютер
komputer

стілець
kerusi

кавовий кухоль

cawan kopi

калькулятор

kalkulator

інтернет

internet

ноутбук

komputer riba

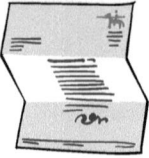

лист

surat

повідомлення

mesej

мобільний телефон

mudah alih

мережа

rangkaian

копіювальний пристрій

mesin fotokopi

програмне забезпечення

perisian

телефон

telefon

розетка

soket plag

факс

mesin faks

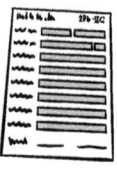

бланк

bentuk

документ

dokumen

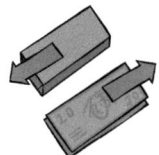

купувати

beli

платити

bayar

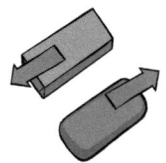

торгувати

berdagang

гроші

wang

 **USD**

долар

dolar

 **EUR**

євро

euro

 **JPY**

ієна

yen

 **RUB**

рубль

rubel

 **CHF**

франк

franc swiss

 **CNY**

юанів женьміньбі

renminbi yuan

 **INR**

рупія

rupee

банкомат

mata tunai

обмінний пункт

pejabat tukaran mata wang

золото

emas

срібло

perak

нафта

minyak

енергія

tenaga

ціна

harga

контракт

kontrak

податок

cukai

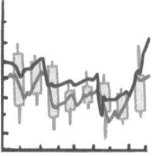

акція

stok

працювати

kerja

працівник

pekerja

роботодавець

majikan

фабрика

kilang

магазин

kedai

професії
pekerjaan

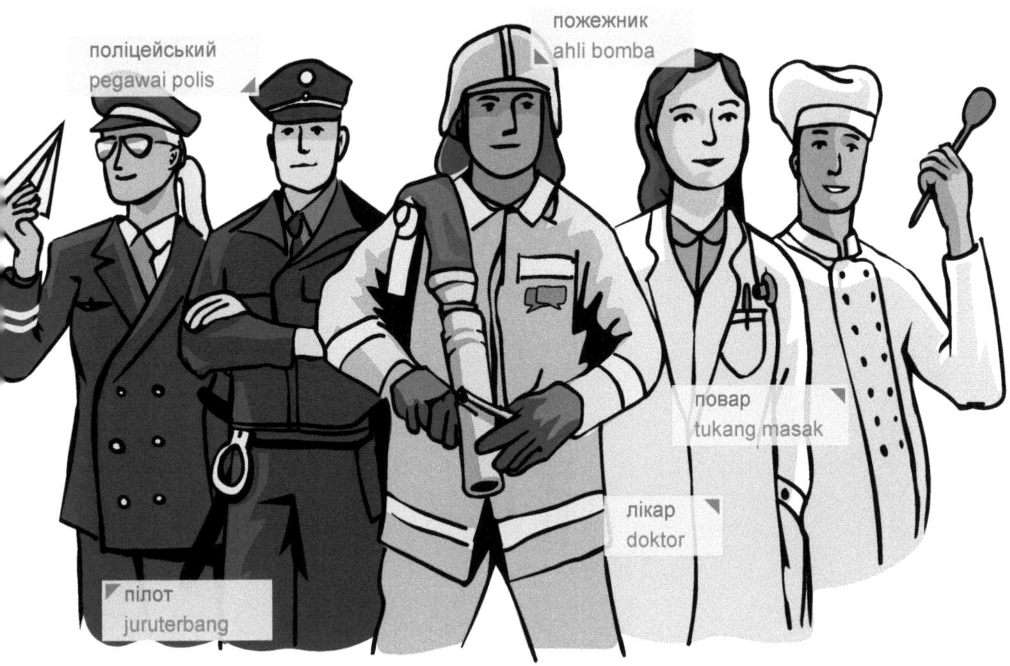

пожежник
ahli bomba
поліцейський
pegawai polis
повар
tukang masak
лікар
doktor
пілот
juruterbang

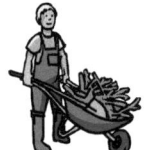

садівник
tukang kebun

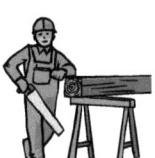

столяр
tukang kayu

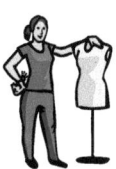

швачка
tukang jahit

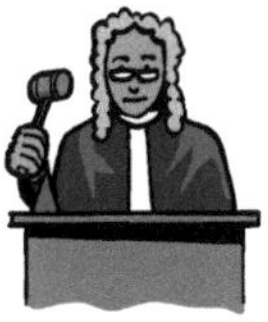

суддя
hakim

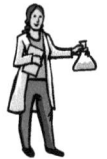

хімік
ahli kimia

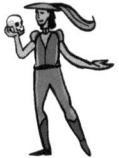

актор
pelakon

водій автобуса

pemandu bas

таксист

pemandu teksi

рибалка

nelayan

прибиральниця

wanita pencuci

покрівельник

kasau

офіціант

pelayan

мисливець

pemburu

художник

pelukis

пекар

bakeri

електрик

juruelektrik

будівельник

pembangun

інженер

jurutera

забійник

penjual daging

бляхар

tukang paip

листоноша

posmen

солдат

askar

архітектор

arkitek

касир

juruwang

флорист

kedai bunga

перукар

pendandan rambut

кондуктор

konduktor

механік

mekanik

капітан

kapten

дантист

doktor gigi

вчений

ahli sains

рабин

tuhanku

імам

imam

монах

sami

пастор

paderi

інструменти

alat

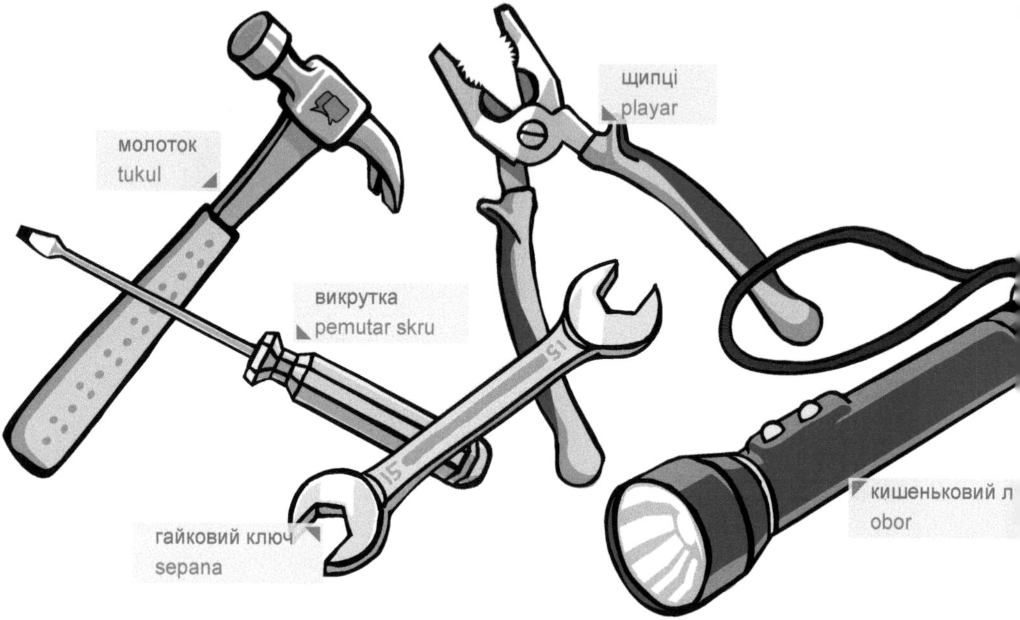

молоток
tukul
щипці
playar
викрутка
pemutar skru
гайковий ключ
sepana
кишеньковий л
obor

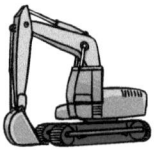

екскаватор

pengorek

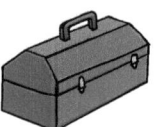

ящик для інструментів

kotak peralatan

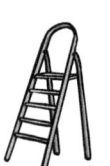

драбина

tangga

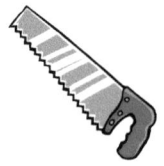

пилка

gergaji

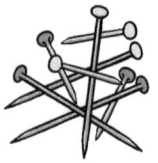

цвяхи

kuku

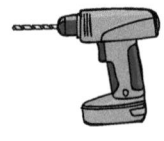

свердло

gerudi

ремонтувати

baiki

лопата

penyodok

лайно!

Celaka!

совок

penadah sampah

відро з фарбою

periuk cat

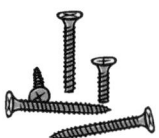

гвинти

skru

музичні інструменти
alat muzik

динамік
pembesar suara

ударна установка
perangkat dram

гітара
gitar

контрабас
bass berganda

труба
trompet

фортепіано

piano

скрипка

biola

бас

bass

литаври

timpani

барабан

dram

клавіатура

papan kekunci

саксофон

saksofon

флейта

seruling

мікрофон

mikrofon

зоопарк

zoo

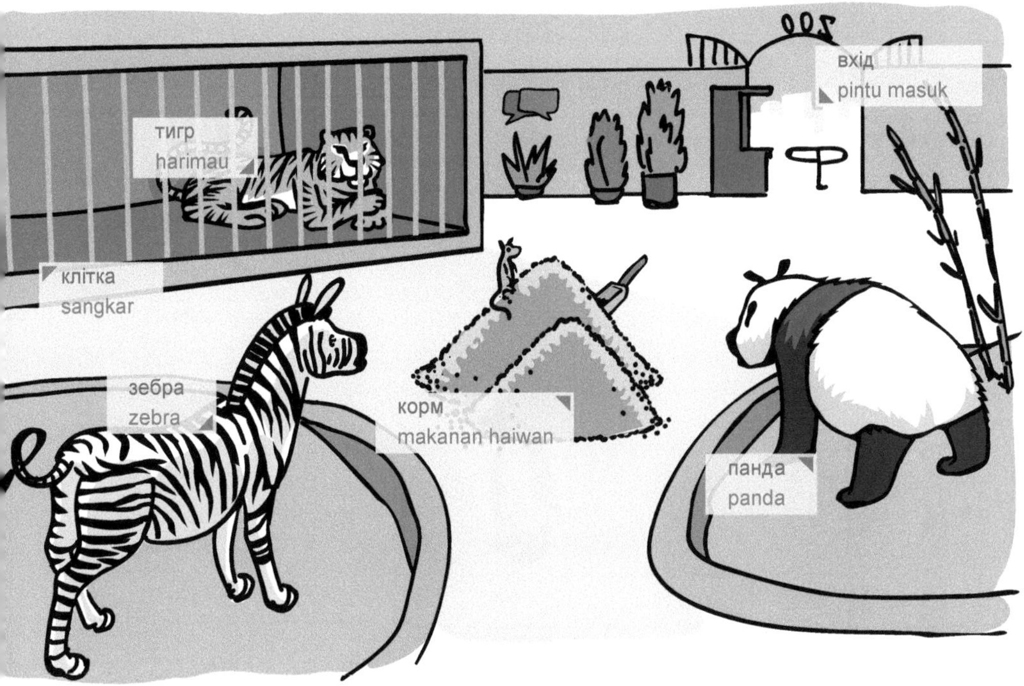

zoo
вхід
pintu masuk
тигр
harimau
клітка
sangkar
зебра
zebra
корм
makanan haiwan
панда
panda

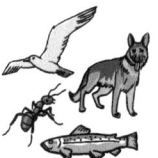

тварини

haiwan

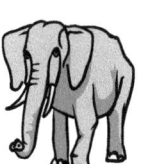

слон

gajah

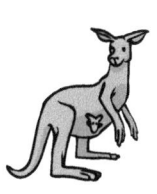

кенгуру

kanggaru

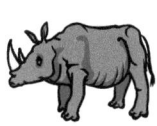

носоріг

badak sumbu

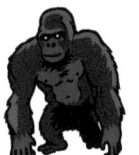

горила

gorila

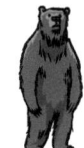

ведмідь

beruang

верблюд

unta

страус

burung unta

лев

singa

мавпа

monyet

фламінго

flamingo

папуга

nuri

білий ведмідь

beruang kutub

пінгвін

penguin

акула

yu

павич

merak

змія

ular

крокодил

buaya

працівник зоопарку

penjaga zoo

тюлень

anjing laut

ягуар

jaguar

зоопарк - zoo

поні

kuda

леопард

harimau

гіпопотам

badak air

жираф

zirafah

орел

helang

кабан

babi jantan

риба

ikan

черепаха

penyu

морж

anjing laut

лисиця

musang

газель

rusa

американський футбол
bola sepak Amerika

їзда на велосипеді
berbasikal

теніс
tenis

баскетбол
bola keranjang

плавання
renang

бокс
tinju

хокей
hoki ais

футбол
bola sepak

бадмінтон
badminton

легка атлетика
olahraga

гандбол
bola baling

лижні перегони
ski

поло
polo

стрибати
lompat

обіймати
peluk

сміятися
ketawa

йти
berjalan

співати
menyanyi

молитися
berdoa

цілувати
cium

мріяти
mimpi

писати
tulis

малювати
lukis

показувати
tunjuk

тиснути
tolak

давати
beri

брати
ambil

мати
ada

робити
buat

бути
ialah

стояти
berdiri

бігати
lari

тягнути
tarik

кидати
buang

падати
jatuh

лежати
tipu

очікувати
tunggu

носити
bawa

сидіти
duduk

одягати
pakai

спати
tidur

просипатися
bangkit

дивитися

lihat pada

плакати

menangis

гладити

strok

розчісувати

sikat

розмовляти

cakap

розуміти

faham

питати

tanya

слухати

dengar

пити

minum

їсти

makan

прибирати

mengemas

любити

sayang

варити

masak

їхати

pandu

літати

terbang

йти під вітрилом

belayar

рахувати

kira

читати

baca

вчитися

belajar

працювати

kerja

одружуватися

nikah

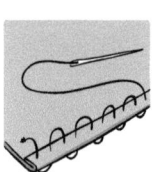

шити

jahit

чистити зуби

memberus gigi

убивати

bunuh

курити

asap

посилати

hantar

сім'я

keluarga

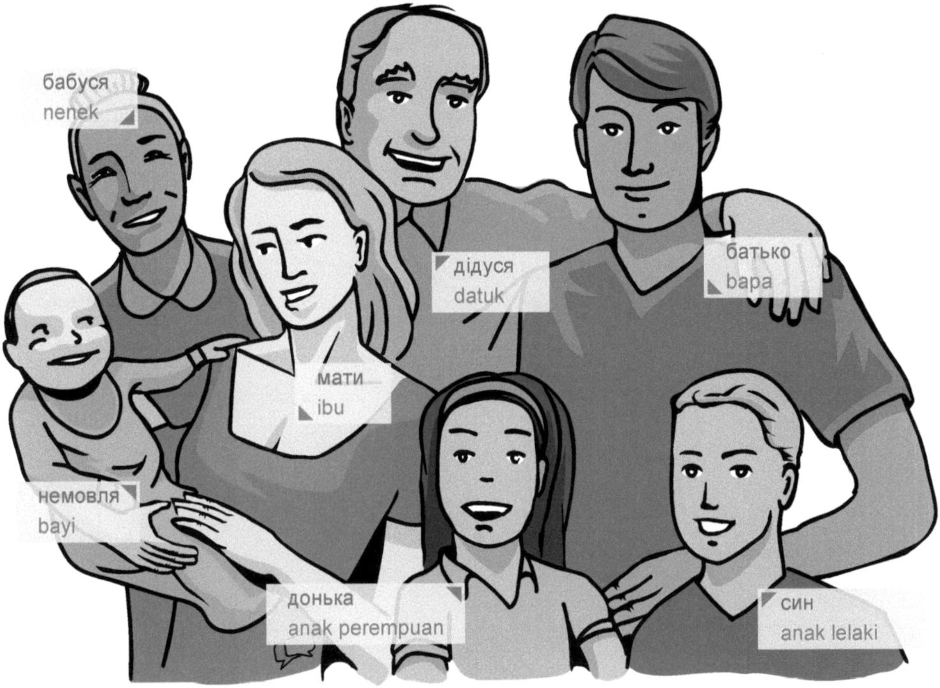

бабуся
nenek
дідуся
datuk
батько
bapa
мати
ibu
немовля
bayi
донька
anak perempuan
син
anak lelaki

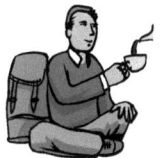

гість

tetamu

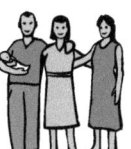

тітка

mak cik

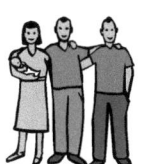

дядько

pak cik

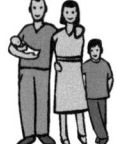

брат

abang

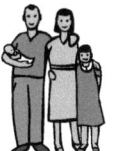

сестра

kakak

тіло

badan

чоло
dahi
око
mata
плече
bahu
палець
jari
обличчя
muka
підборіддя
dagu
кисть
tangan
нога
kaki
груди
dada
рука
lengan

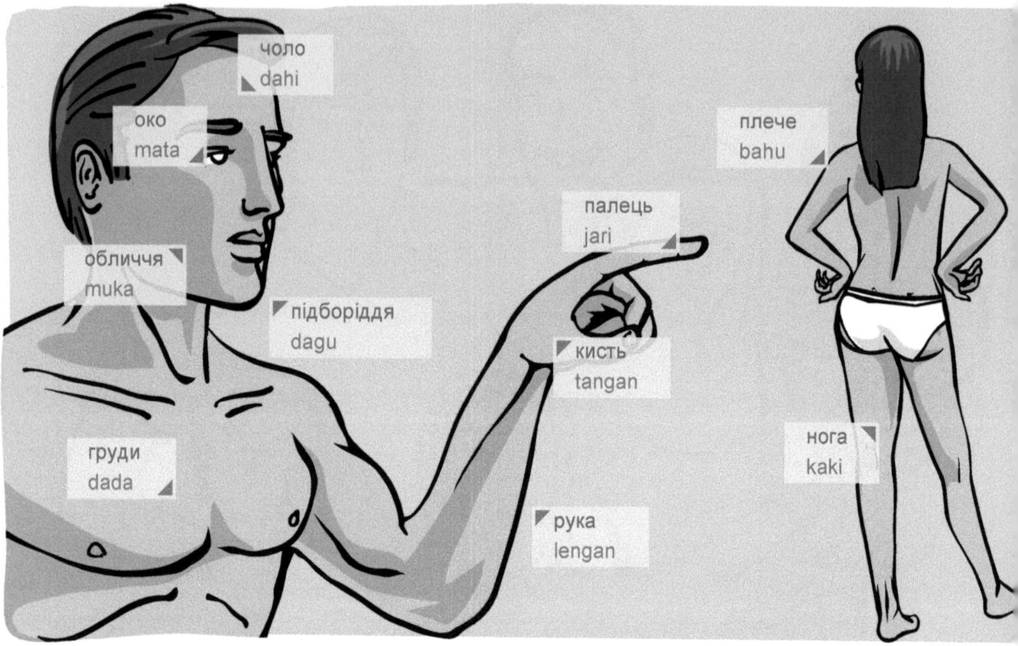

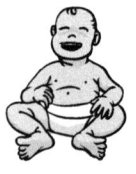

немовля
bayi

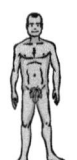

чоловік
lelaki

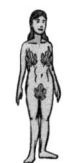

жінка
wanita

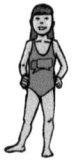

дівчина
perempuan

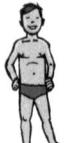

хлопчик
lelaki

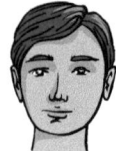

голова
kepala

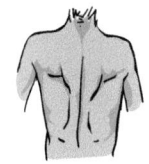

спина

belakang

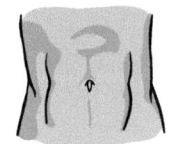

живіт

bawah perut

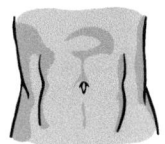

пуп

pusat

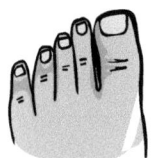

палець ноги

jari kaki

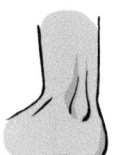

п'ята

tumit

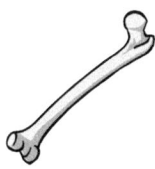

кістка

tulang

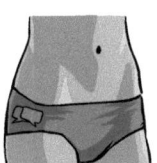

стегно

pinggul

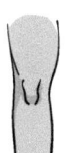

коліно

lutut

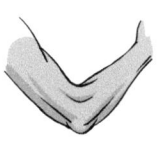

лікоть

siku

ніс

hidung

сідниці

bawah

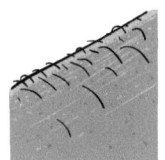

шкіра

kulit

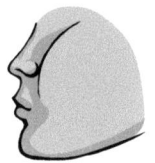

щока

pipi

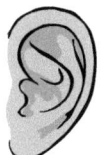

вухо

telinga

губа

bibir

рот

mulut

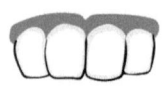

зуб

gigi

язик

lidah

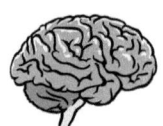

мозок

otak

серце

hati

м'яз

otot

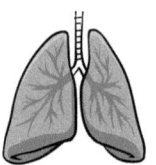

легені

paru-paru

печінка

hati

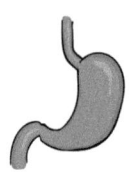

шлунок

perut

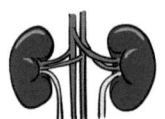

нирки

buah pinggang

статевий акт

seks

презерватив

kondom

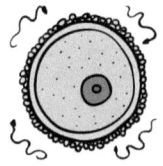

яйцеклітина

faraj

сперма

mani

вагітність

mengandung

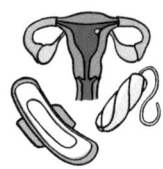

менструація
haid

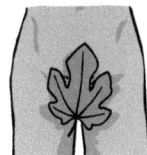

вагіна
faraj

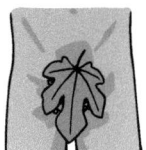

пеніс
penis

брова
kening

волосся
rambut

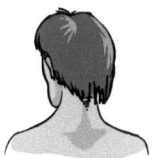

шия
leher

лікарня

hospital

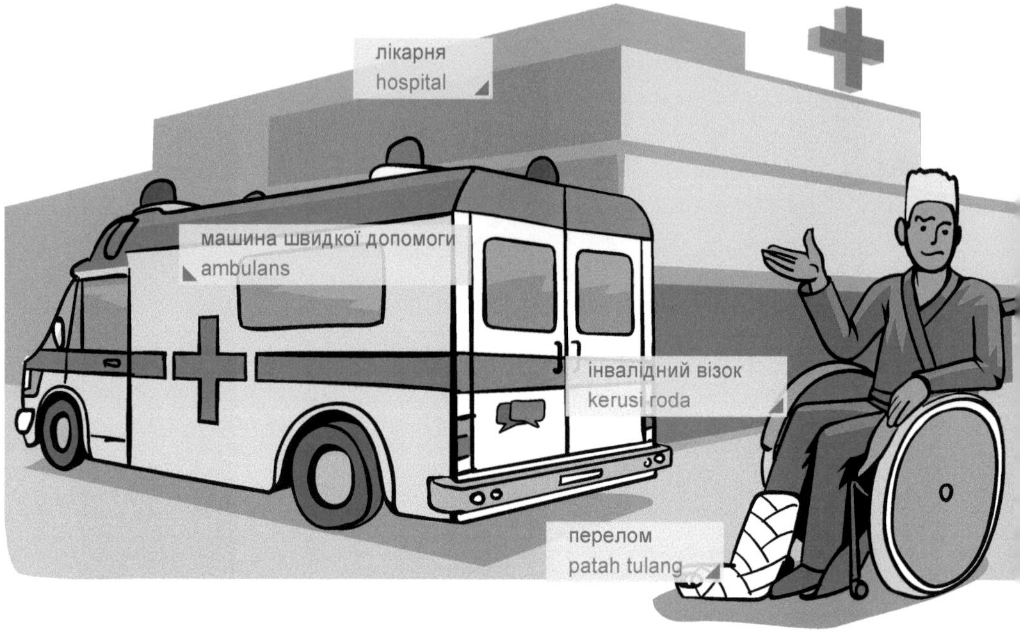

лікарня
hospital
машина швидкої допомоги
ambulans
інвалідний візок
kerusi roda
перелом
patah tulang

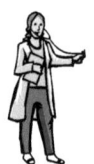

лікар
doktor

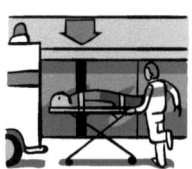

відділення швидкої медичної допомоги
bilik kecemasan

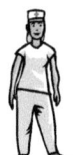

медсестра
jururawat

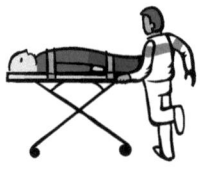

аварійний випадок
kecemasan

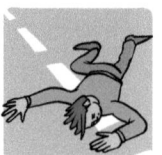

непритомний
tak sedar

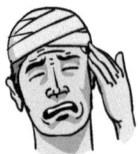

біль
sakit

травма

kecederaan

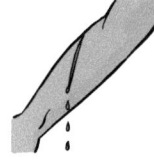

кровотеча

pendarahan

інфаркт

serangan jantung

інсульт

strok

алергія

alergi

кашель

batuk

лихоманка

demam

грип

selesema

пронос

cirit-birit

головна біль

sakit kepala

рак

kanser

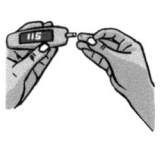

діабет

diabetes

хірург

pakar bedah

скальпель

pisau bedah

операція

pembedahan

КТ

CT

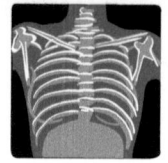

рентген

x-ray

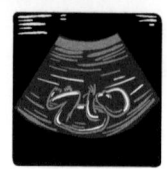

ультразвук

ultrabunyi

маска

topeng muka

хвороба

penyakit

зал очікування

bilik menunggu

милиця

penongkat

пластир

plaster

пов'язка

pembalut

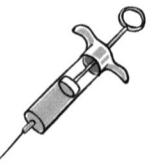

ін'єкція

suntikan

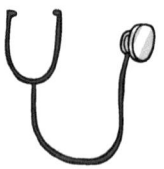

стетоскоп

stetoskop

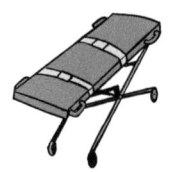

ноші

pengusung

термометр

termometer klinik

народження

kelahiran

надмірна вага

berat badan berlebihan

слуховий апарат

alat pendengaran

дезінфікуючий засіб

disinfektan

інфекція

jangkitan

вірус

virus

ВІЛ / СНІД

HIV / AIDS

медицина

perubatan

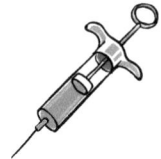

вакцинація

vaksinasi

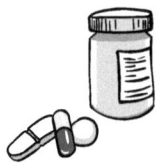

таблетки

tablet

протизаплідна пігулка

pil

екстрений виклик

panggilan kecemasan

тонометр

pantau tekanan darah

хворий / здоровий

sakit / sihat

Допоможіть!

Tolong!

сигнал тривоги

penggera

напад

serang

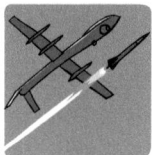

атака

serangan

небезпека

bahaya

аварійний вихід

pintu kecemasan

Вогонь!

Api!

вогнегасник

alat pemadam api

аварія

kemalangan

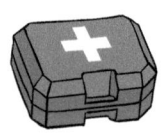

аптечка

alat pertolongan cemas

СОС

SOS

поліція

polis

Європа

Eropah

Північна Америка

Amerika Utara

Південна Америка

Amerika Selatan

Африка

Afrika

Азія

Asia

Австралія

Australia

Атлантика

Atlantic

Тихий океан

Pasifik

Індійський океан

Lautan Hindi

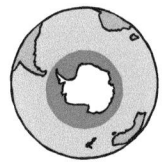

Антарктичний океан

Lautan Antartik

Північний Льодовитий
океан

Lautan Artik

Північний полюс

Kutub utara

Південний полюс

Kutub Selatan

Антарктика

Antartika

Земля

bumi

суша

tanah

море

laut

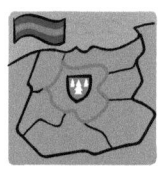

острів

pulau

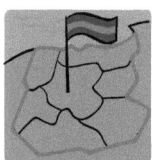

нація

negara

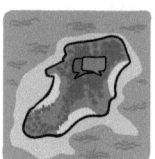

держава

negeri

циферблат

muka jam

годинникова стрілка

tangan jam

хвилинна стрілка

tangan minit

секундна стрілка

terpakai

Котра година?

Jam berapa sekarang

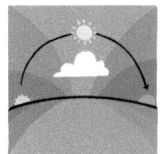

день

hari

час

masa

зараз

sekarang

цифровий годинник

jam digital

хвилина

minit

година

jam

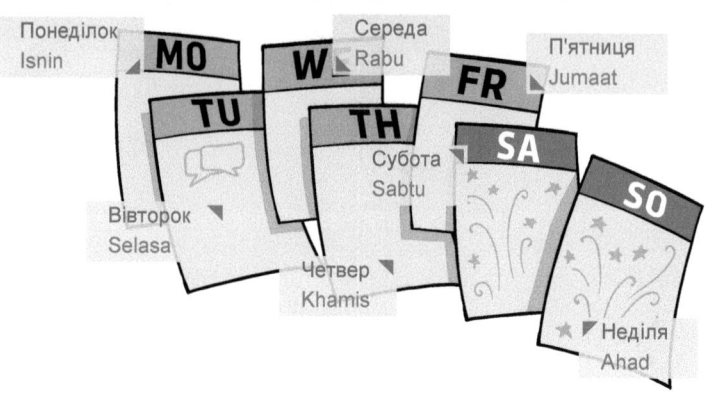

Понеділок
Isnin

Середа
Rabu

П'ятниця
Jumaat

Вівторок
Selasa

Субота
Sabtu

Четвер
Khamis

Неділя
Ahad

вчора
semalam

сьогодні
hari ini

завтра
esok

ранок
pagi

опівдні
tengah hari

вечір
petang

робочі дні
hari kerja

кінець робочого тижня
hari minggu

рік
tahun

дощ
hujan
веселка
pelangi
вітер
angin
сніг
salji
весна
musim bunga
літо
musim panas
осінь
musim luruh
зима
musim salji

4.APRIL 11°
5.APRIL 4°
6.APRIL 13°
7.APRIL 8°
8.APRIL 10°

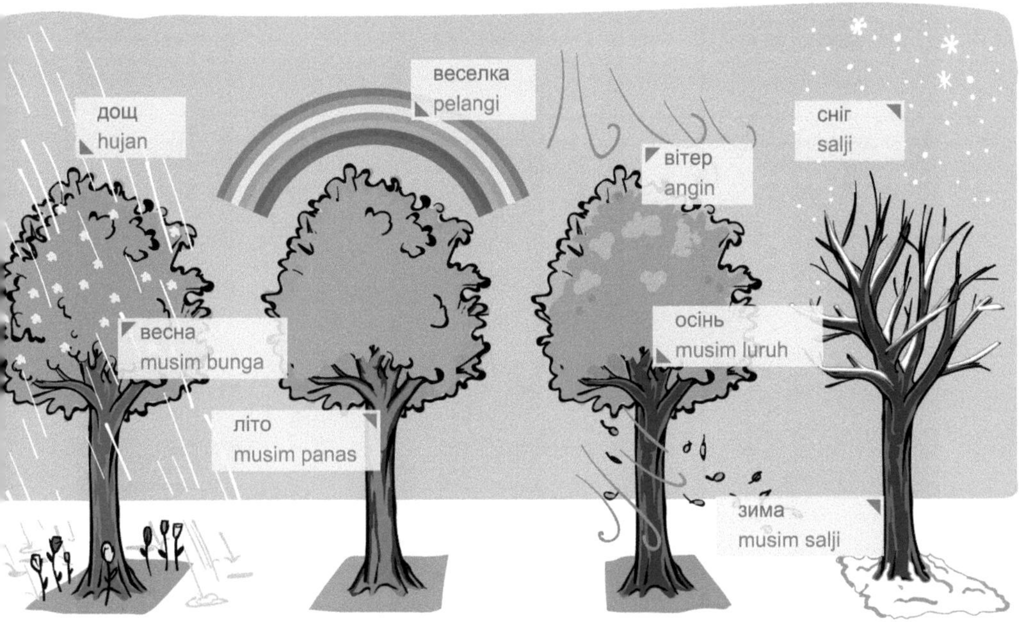

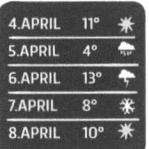

прогноз погоди

ramalan cuaca

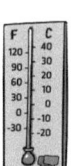

термометр

termometer

сонячне світло

sinar matahari

хмара

awan

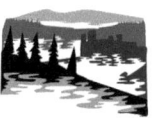

туман

kabus

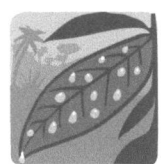

вологість повітря

lembapan

блискавка

kilat

грім

petir

шторм

ribut

град

hujan batu

мусон

monsun

повінь

banjir

лід

ais

Січень

Januari

Лютий

Februari

Березень

Mac

Квітень

April

Травень

Mei

Червень

Jun

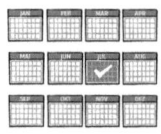

Липень

Julai

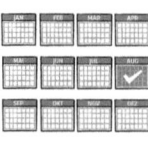

Серпень

Ogos

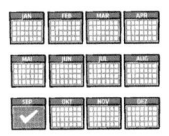

Вересень

September

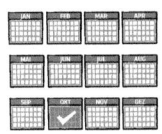

Жовтень

Oktober

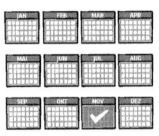

Листопад

November

Грудень

Disember

форми
bentuk

круг

bulatan

квадрат

petak

прямокутник

segi empat tepat

трикутник

segitiga

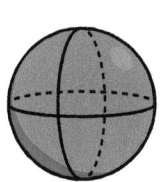

куля

sfera

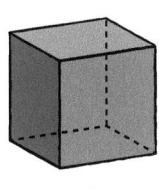

куб

kiub

білий

putih

жовтий

kuning

помаранчевий

oren

рожевий

merah jambu

червоний

merah

фіолетовий

ungu

синій

biru

зелений

hijau

коричневий

coklat

сірий

kelabu

чорний

hitam

багато / мало

banyak / sedikit

лютий / мирний

marah / tenang

гарний / бридкий

cantik / hodoh

початок / кінець

bermula / tamat

великий / малий

besar kecil

світлий / темний

terang / gelap

брат / сестра

abang / kakak

чистий / брудний

bersih / kotor

завершений / незавершений

lengkap / tidak lengkap

день / ніч

hari / malam

мертвий / живий

mati / hidup

широкий / вузький

luas / sempit

їстівний / неїстівний

boleh dimakan / tidak boleh
dimakan

злий / дружній

jahat / baik

збуджений / нудьгуючий

teruja / bosan

товстий / тонкий

gemuk / kurus

спочатку / востаннє

pertama / terakhir

друг / ворог

kawan / musuh

повний / порожній

penuh / kosong

жорсткий / м'який

keras / lembut

важкий / легкий

berat / ringan

голод / спрага

lapar / dahaga

хворий / здоровий

sakit / sihat

незаконний / законний

menyalahi undang-undang /
undang-undang

розумний / дурний

pintar / bodoh

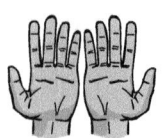

вліво / вправо

kiri / kanan

поруч / далеко

dekat / jauh

новий / використаний

baru / lama

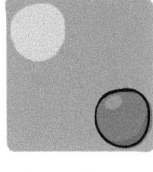

нічого / щось

tiada / sesuatu

старий / молодий

tua / muda

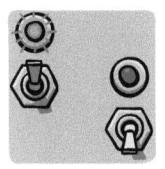

вкл / викл

hidup / mati

відкрито / закрито

terbuka / tertutup

тихо / гучно

diam / bising

багатий / бідний

kaya / miskin

правильно / неправильно

betul / salah

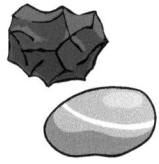

шорсткий / гладкий

kasar / halus

сумний / щасливий

sedih / gembira

короткий / довгий

pendek / panjang

повільно / швидко

lambat / laju

вологий / сухий

basah / kering

гарячий / холодний

panas / sejuk

війна / мир

berperang / berdamai

протилежності - berlawanan

0

нуль

sifar

1

один

satu

2

два

dua

3

три

tiga

4

чотири

empat

5

п'ять

lima

6

шість

enam

7

сім

tujuh

8

вісім

lapan

9

дев'ять

sembilan

10

десять

sepuluh

11

одинадцять

sebelas

12

дванадцять

dua belas

13

тринадцять

tiga belas

14

чотирнадцять

empat belas

15

п'ятнадцять

lima belas

16

шістнадцять

enam belas

17

сімнадцять

tujuh belas

18

вісімнадцять

lapan belas

19

дев'ятнадцять

Sembilan belas

20

двадцять

dua puluh

100

сто

ratus

1.000

тисяча

ribu

1.000.000

мільйон

juta

англійська

Bahasa Inggeris

американська англійська

Bahasa Inggeris Amerika

китайська
високочиновницька

Bahasa Cina Mandarin

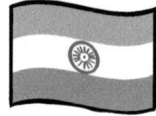

хінді

Bahasa Hindi

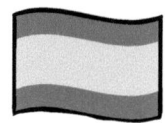

іспанська

Bahasa Sepanyol

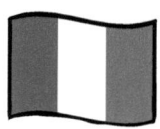

французька

Bahasa Perancis

арабська

Bahasa Arab

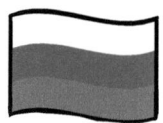

російська

Bahasa Rusia

португальська

Bahasa Portugis

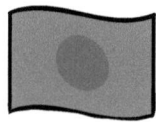

бенгальська

Bahasa Benggali

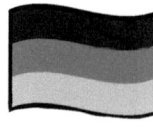

німецька

Bahasa Jerman

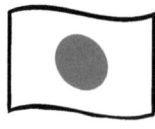

японська

Bahasa Jepun

я

saya

ти

anda

він / вона / воно

dia / dia / ia

ми

kita

ви

anda

вони

mereka

хто?

siapa?

що?

apa?

як?

bagaimana?

де?

di mana?

коли?

bila?

ім'я

nama

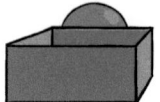

ззаду

belakang

в

dalam

перед

di hadapan

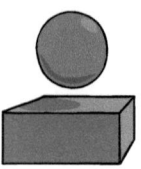

над

lebih

на

pada

під

di bawah

біля

bersebelahan

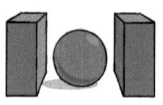

між

antara

місце

tempat